러브체인의 날개들

김비주 시집

상상인 시인선 *062*

- 본문 페이지에서 한 연이 첫 번째 행에서 시작될 때에는 〈 표기를 합니다.
- 저자의 의도에 따라 작품의 보조 동사와 합성 명사는 띄어쓰기가 달라질 수 있습니다.

러브체인의 날개들

시인의 말

수없이 보내고 보낸 연후에 마주친
또 다른 그대

2024년 10월
김비주

차례

1부 무수히 쏟아지는 길

휴식	19
어둠을 건너는 나무들	20
꿈을 꾸지요, 피워낸 생각처럼	22
시간 너머로 쏟아지는 기분	24
고독	25
상처는 언제 다 아물까	26
이제야 보내는 편지	28
시간을 빠져나와	30
사라지는 것에	32
마른 풍경	33
시 쓰는 나는 누구입니까	34
풍문	35
행복한 공상	36
밤풍경	38
더디게 피는 꽃들	39

2부 쏟아지는 그리운 문장

숨맞춤	43
바다에 달이 있는 광경	44
붉은 여인의 노래	46
비 오면 흔들리는	47
오늘의 도시	48
이식도 꿈가니요	50
하현달	51
시를 열어보고 싶은 날	52
나를 벗는 시간	54
너를 닮은 것들	55
달을 그려요	56
다듬이질	57
비가 돋는 날에	58
모락모락 피는 저녁	60
엄마의 지칭개	61

3부　비껴가는 말들

좋은 시 읽기　　　　　　　　　65
기억의 저편　　　　　　　　　66
김치수제비　　　　　　　　　68
고향, 목포　　　　　　　　　　70
서툰 오후　　　　　　　　　　72
가을이 오는군요　　　　　　　73
슬픔의 질감　　　　　　　　　74
말의 유희　　　　　　　　　　76
시, 봄은 환몽　　　　　　　　77
놈의 생애　　　　　　　　　　78
풍선　　　　　　　　　　　　80
보리　　　　　　　　　　　　81
타전打電　　　　　　　　　　82
생각, 잠시　　　　　　　　　83
계층 옮기기　　　　　　　　　84

4부 빛으로 몸을 나누는 나무들

고일암의 아름다운 단풍나무	89
병원일지 1	90
병원일지 2	91
다시 부르는 정읍사	92
또, 새잎	93
봉숭아 물들이기	94
호접지몽	96
오늘도 가나요	97
납작해지기	98
대추	99
중첩 기행	100
아, 개미	101
새로운 자아 찾기	102
알리카페를 마시고 노루꼬리 햇살 아래 빨래를 널다	104
물고기, 너	105
해설 _ 존재의 씨앗으로 회귀하는 인어의 표지들 김학중(시인)	107

1부

무수히 쏟아지는 길

휴식

사람에게는 숨은 시간이 있다

작은 열매 속 숨겨진 커다란 씨앗처럼
혼자만이 머무르고 싶을 때

우주의 시간 속 조그마한 열매로
비 맞고 바람 불고 햇빛 받아 자연의 색깔로
꿈을 숨기고
문득, 그 열매 먹히고 씨앗 도드라질 때

나
씨앗으로 남아 숨은 시간을 갖고 싶다

어둠을 건너는 나무들

순정한 나무들 사이로 빛이 고이면
밤을 끌어안고 모습을 드러내지 않았던
쓸쓸함과 두려움이 만져집니다
함께 있으나 각기 제자리를 떠나지 못한 채
바람에 실려 서로를 위로하던 그 몸짓들의 작은 속삭임에
다리를 놓아 건너다닙니다

뽀얀 실루엣 사이로 건너다니는 빛의 살들, 살들
운동장에 그득하던 봄날, 아이들의 발자국처럼
여기저기 징검징검 소리 나기 시작합니다
나무들 뒤통수를 건드리고 눈을 감기며
마알간 햇살들 간지럼을 시작합니다

쓸쓸함은 두려움이야
두려움을 잊기 위해선 웃어야 해
뒤통수를 한없이 젖히며 하하하 호호호

몸을 뒤틀며 웃는 나무들 사이로 떠다니며
작은 위로가 전부인 움켜쥔 공간에서 어떤 것들은

그저 서로 배꼽을 움츠리며 목젖을 젖혀
울대를 건드리기도 합니다

서로가 서로를 깊이 어루만집니다

꿈을 꾸지요, 피워낸 생각처럼

지렛대를 옮기며 몸을 바꾼다
생은 죽음의 이면을 날마다 뒤집어 놓더니
말갛고 훤한 자리에 결계를 친다

사랑초 무더기를 한눈에 본다
가끔 나비처럼 날개를 접고
작은 보랏빛 꽃을 피워낸다
천국입니까
연옥이라고요?
죽음의 거친 단계를 꽃으로 피워낸다

선인장 작은 잎들이 꽃을 곳곳에 놓더니
생명은 옮긴 자들의 보기 좋음이라고
잠시 말한다
아직도 작은 잎을 놓을 건가요
또 피워드릴까요?
잎들이 울렁거리며 말을 쏟아낸다

발을 옮길 때마다 따라오는 그림자가
초록별 꿈을 꾸는 눈이 없다고

꿈과 색 보이지 않아
몸을 바꿀 뿐이라고
눈도 만들 수 있는지 물어본다
난, 눈먼 시간에게
말 멈춘 시간을 건네주며 어루만진다

결계를 풀고
울렁거리는 하루를 술렁이는 마음으로
시작해도 되나요?

나를 바꾼다면
희망하는 세계로 가게 되나요?

시간 너머로 쏟아지는 기분

말의 서사가 부처꽃처럼 피어오르는 순간
망했다, 오르기만 할 뿐 내려올 줄 모른다
우리 다 같이 하는 술래놀이, 숨바꼭질
눈을 꼭꼭 감아다오 머리카락 보이지 않게
한 줄을 쓰다 새벽을 넣는다, 시작이 될까 봐
저만큼 기물들이 보이고 숨겨진 이들
뒷모습이 영그는 시간, 황혼이라니
하늘을 나는 부드러운 팔랑임, 새가 난다
황혼 사이에 머무는 길길이 쏟아져 나오는
핏빛 울음들, 어디론가 흐를 뿐이다
말은 잠시 어색해지고 풍경을 놓친 기분
뒤엉키는 하릴없는 순간에 놓여 긴 장대로
돋움 닿는 곡예가 펼쳐지는 동안
말이 우수수 떨어졌다

이제 시작!

고독

외로움을 풀어 놓으면
겨울날 털실 옷 풀어지듯
끝이 없어요
풀린 외로움을 채우려면
콩쥐, 팥쥐 어멈 심술에
빈 독 채우듯 끝이 없어요
외로움의 끝을 본 사람이 없어서
외로움의 시작을 누구나 하지만
외로움의 끝을 누구도 끝내지는 못해요
뜨개질바늘 잡고서 코 하나씩 건져 올리듯
건져 올리고요
두꺼비 독 막듯 잠시 잠시 돌려막아요

외로움은 단지 외로움일 뿐이에요

상처는 언제 다 아물까

한눈을 팔다 데었다
시퍼렇지도 않은 불길에 생채기가 나서
후다닥 불을 껐다
언제나 방심은 금물,
웃자란 잎들이 다른 나무를 넘어서
칭칭 동여맨다
넝쿨이 있는 자람에서 넝쿨이 없는 자람까지

고운 상처란 없다

소주를 부으며 외쳤던 시간들이 살아나
종일 비로 내린다
상처는 포개져 언제쯤 가뿐해져 있을까
싱크대 수전은 몸을 가누지 못하고
비틀린 채로 물을 뿜어낸다

시간이 내려서 비튼 건 수선이 필요하다

오래된 도시의 이웃처럼 낯설고 무디어져 가는
날들을 새기다 구석으로만 몰아넣는

구겨진 일상을 견디어 낸다
당신도 구겨지고 있는지?

이제야 보내는 편지

부치지 못한 엽서를 발견했다 지구는 동글다는 진리 아래
나도 이미 신인이었을 것을 상정하고 싶은 날
현대시에서 찾아낸 94년의 화석,
자취를 남기고 간 편린들이 무섭게 삐져나온 날,
아직도
버리지 못한 것들이 많다 91년의 시와시학 누렇고 들뜬
상사相思가 비등점을 지나 널브러져 있다

혹, 우리 만난 적이 있는지
순례길에서 목놓아 부르던 그리움의 연서는 무엇이었을까
신이 내게 준 길, 칼칼한 시를 마시고 목젖을 젖히다
구도자처럼 손을 모아본다 다치고 깨지고 상처 난 길에서의
치유는 온당한 기도의 몫, 불사르지 못한 영혼이었길래
오랫동안 헤맨다
〈

한 장의 엽서, 한 편의 시간이 사라져 버리고 기억의 우물에
　갇힌 눅눅하고 습습한 생각을 걷어낸다

시간을 빠져나와

생각이 안 난다
사물의 이름이, 머리에 맴돌 뿐
가득한 책들 앞에서
아득하다

어릴 때 좋아했던 공갈빵처럼
누구에게나 바싹 소리를 내며
먹히고 싶어
쓸쓸함이 배고픔처럼,
초록 눈이 살며시 추위를 물리친 것처럼

라디오가 돌아가는 공간, 일요일이지
잊고 있었어
생각을 비운다는 건
기억을 지우는 일이라는 걸

추위가 옹골지게 쏟아지는 거리에선
누군가와 손을 잡고 싶어
그저 말과 글을 생략하고
손의 따스함을 건네고 싶어

멀어져 가는 세상을
가끔은 따뜻하게 안고 싶어

사라지는 것에

잠자리 날개를 그리며
바늘꽃 무수히 쏟아지는 길의 뒤안은
너에게로 가는 길이다
봄 그림자 이끌고
초록 눈부신 성장이 어디에서나
고개를 내밀 때
길을 건너는 봄의 꼬리
별처럼 쏟아진다

누군가가 사라질 땐 눈부신 오로라가
피어나고, 하늘엔 무지개 떠서
쓸쓸함의 뒷길을 밝혀야 할 때가 있다
오로지 혼자 있는 이들을 위한
힘찬 축복이 지구에서 떠다니고
혼자였기에 고립된 시간으로
흰 그림자로 엮었을 생의 뒤편
축포처럼 쏟아지는 여린 꽃들의 잎들을 바라보며
다른 우주로의 여행을 기뻐해야 할 때가 있다

봄은 달아나고 여름이 오는 길목에서
봄꽃처럼 사라질 쓸쓸한 이를 생각한다

마른 풍경

   화면으로 걸어가는 할머니 손에 매달려 걷는 할아
버지
   오른 다리와 왼 다리,
   허리마저 굽었다
   아침은 조이 일고 꽃들은 민낯으로 인사한다
   끌리는 아이처럼 낮아진 높이만큼
   세월을 내렸다

   바람이 불지 않는 시간
   화면은 흔들리지 않고 마른 꽃들이 숨을 죽이고
있다
   오던 걸음 멈추고 한참 풍경 속에 있다

시 쓰는 나는 누구입니까

닳아진 전지처럼 끌끌거리다가
부석거리는 마음을 가만히 쓰다듬었지
세계 속에 남아 있는 시간처럼
두려운 거지
함몰된 직장처럼

어디에 있습니까
생의 주기처럼 되돌려질
봉숭아 학당의 우스개 시간을
밥벌이로 엮은 이들의 노고가 오가는 시간
당신도 학생입니까
가끔 출몰하는 낯선 얼굴처럼

시를 쓰다가 물었어
세계가 화자를 두드리는지
공병처럼 통통거리는지
출렁이던 순간을 쏟아낸 시간에
아직도 난 함몰되는 겁니까

풍문

가끔 기억의 바깥을 안으로 들였다
지구는 둥글어서 기억도 왜곡되길 바랐다
아프리카에서 사는 메릴 스트립은
사자의 배고픔과 마주하며 말을 잃었다는데
난 사자일까, 짐을 옮기는 말일까

스스로를 독립이라고 생각한
지난날이 뿌리에 걸려 넘어졌다고 전한다
여기저기
빛바랜 기억들이, 늦은 눈이 내리는 마을에서
채곡채곡 젖어간다
아프리카나 노르웨이나 지구라고 한다
시들의 관행을 읽어내거나 읽은 이들이
모두 책을 손에 든다

내일 지구엔 책을 읽는 이가 사라질 거라고
입이 바람을 타고 떠돈다

행복한 공상

비 오는데 말이야
푸른 잎 새록새록 올라올 텐데 말이야
간밤 꿈에 나의 집은 이상이 되었어
작은 꽃들 나부끼고 초록 잎들은
싱그러워지고
들과 바람을 들인 집에는
햇빛이 소리를 내는데
생은 그저 그랬지

돈이란 참으로 오랜 시간을 연명하며
내 의식 곳곳에
깊이 뿌리내려
더운 날 추운 날 가리지 않고
나를 끌고 다니더니

비 오는데 말이야
빗방울 새록새록 돋아나는데 말이야
눈을 들어 보는 세상엔
오직 바람과 흐린 풍경뿐
이 비 그치고 이 시간 지나면

〈
가보지 못한 풍경 속에서
익히지 못한 삼바를
산드러시게 추는 나를

공상은 잔망스럽지 않고
돈이 없어도 할 수 있는
유일한 놀이
비 내려 목마름을 적시는 온갖
살아 있음에 잠시
비 오는데 말이야

밤풍경

늘
새끼 전구까지 데리고 모든 어둠을
배웅한다

어둠에 묻히지 않으려고
깜빡이는 네온사인

발밑까지 내려오는 가로등을 데리고
걷는 날은 뿌연 속이 울렁거린다

잊힐만하면
풍경의 뒤끝까지 따라오는 쓸쓸함
밤 그늘에 숨겨 놓으면

툭
나 같은 이가 꺼내서
휘적이며 걷는다

더디게 피는 꽃들

잎이 늦었다
가끔 잘리거나 음지에 있었다 빛은 초록을 물고
오랫동안 돌아서 왔다 아침이면 내리는 신의 이슬도
낮이면 돌아서 부는 바람 조각을 물고
기도했다 언제나 습습한 물이 뿌리를 썩게 하더니
거리의 바람과 빛도 수몰됐다

목이 마르다고 외치지 않았다
춥고 습습해서 한 줄기 빛과 바람을 불렀을 뿐인데
여기저기 묻을 던졌다 더 깨끗해져야 한다고
물이 필요할 거라고
물의 단내가 퀴퀴함으로 변해갈 때 바람은 더욱 마르고
움직이던 꺾인 줄기에서 꽃이 활짝 피었다

2부

쏟아지는 그리운 문장

숨맞춤

성찬을 마시고 납작해진 시집을 밟고
갸웃거리며 읽는다
그늘은 구겨져 그림자를 삼키고
오래된 망설임을 꺼낸다

낮은 목소리로 건네는 작은 위로
한 손으로 움켜잡으며 공기를 마신다
시집 부수만큼 늘어난 공기 방울
숨 쉬지 않고 사는 법을 터득한다

숨을 한꺼번에 토한다
별은 눈물 아래 쏟아지는
밤하늘 집어등
홀로 선 거리에 떠다닌다

우린 무얼 한 걸까
입을 맞추는 금붕어 게임
서로의 몸을 안고 가슴을 부비며
깜빡거릴 때마다 빛나는 어둠이 된다

바다에 달이 있는 광경

글들이 움직이는 바다를 생각했지
문은 달이라고,
휘영청 떠내려오던 순간을
오랫동안 생각했지
한참이나 물결은 일렁이고
눈부신 물살 무너져 글들이 반짝였지

그리운 문장

고개를 들면 언제나 달이 있었지
시간의 고개에 서면
휘파람처럼 달려오던 그리움의 달
달은 바다를 여는 문
바다 한가운데
두둥실 떠오르던 생각들이
차고 넘쳐 바다는 문을 닫을 수가 없었지

꿈엔 그리던 모습으로
건강한 부싯돌처럼 반짝이는
바다는 눈부셨고

달은 언제나 휘영청 높이 문을 열고
들어섰지 온몸에 쏟아지는
그리운 문장
오던 길 환히 밝혀주었지

붉은 여인의 노래

춘희가 왔다, 말간 얼굴로, 입간판 되어
발을 내려 몸을 덥히는 사람들의 온천장
지나간 역사를 씻어내는 의식처럼
족욕은 눈길을 끌기에 좋다
붉은 유혹의 동백들이 금강공원 안에서 나누어 피고
도리이 기조의 무덤은 살아서나 죽어서나
욕망을 가져온다
그늘진 나의 역사는 엉킨 타래처럼 오늘도
살아 있다

마농 레스코, 네 이름을 부르던 숱한 남자들의 노래가
오늘 화려하게 둥지를 틀고 판은 시작된다
노래야 어디에서나 솟아나렴
지나간 모든 건 그리워진다
불행한 나의 역사까지도 그리워지는 건가
가끔 나는 잊는다
현재에 있으므로 과거는 흘러가는 노래
잡지 못한다

진짜, 나는 한 줌 흘러갈 노래로
역사를 기억하고 싶지 않다

비 오면 흔들리는

둥글게 말아 올린 낮은 소리
수런거리는 빗방울이
물보라가 튕겨 나가는 걸음 사이로
젖고 있다
종일 내리는 비에
바스락거리던 잎들이 천천히 입 다무는 날
로크브륀 카프마르탱에 펼쳐지는
르 코르뷔지에 집이 그리운 날
언덕과 바다 위
비 한 칸 건넌다
웃자란 생각 사이로 바람이 서성대며
우산의 처마엔
조롱조롱 매달린 비들이 걸어간다
몹시도 흔들리는 나무의 심란은
잎에서일까
조롱조롱 잎들이 매달려 있다
꾸욱꾹 누른 뿌리를 건드리며 비바람이
흔들린다

오늘의 도시

나쁜 자들의 도시를 봅니다. 지나간 드라마
전투는 이길 수 있지만 전쟁은 이길 수 없다는
피 터지도록, 눈이 참혹해지도록 싸웁니다
선과 악, 악과 선, 악과 악이 되어가는,
종일 불거진 시간을 휘젓고
네모 박스에 총력을 다합니다

언제부터일까요
눈을 가리면서 손가락 사이로 보고 있는 이 허구의
세계는

실존을 찾아서 은빛 바다가 펼쳐진 시간으로 떠납니다
까마귀가 사람처럼, 고양이가 아기처럼 울어대는
도심을 가르고 허공에 사다리를 펼칩니다
접을 수 있는 사다리는 계단을 열어서 어디에서나
떨어집니다
눈의 황홀한 착시는 허공을 향해 날아다닙니다

언제부터일까요

확성기를 동여맨 후보자들의 차에서 승리가 날아다
닙니다
　쥐어만 주신다면 열 길 물속을 휘젓고 당신 마음속
으로

　바다를 향해서 바닥을 떠나 사다리들은 찾아다닙
니다
　배 터지게 두드려 줄, 혹부리 영감의 도깨비방망이
　흥부의 박을 켜는 톱날의 예리함,
　가질 수 있는 박들은 바닥 어디에서나 굴러다닙니다
　손의 황홀한 감촉은 머릿속을 두드립니다

　어디서일까요
　지나간 드라마가 닻을 올리고
　펼쳐진 사다리엔 하늘이 열리고
　박을 두드린 모든 이들이 바다에 놓입니다

아직도 꿈꾸나요

소맥의 기습이
송두리째 헐렁한 날을 만듭니다
시간 사이로 지나가는 비정형화된 취기

무디어진 감정을 객기처럼 쏟아냅니다
해비치 노래방은 감정의 표준화 작업에
성공을 기원하는 덜떨어진 내 시 같은

한 편의 시를 전달하다 사라진
시인이 있나요

아난티 코브 이터널 저니에서 기다립니다
오래된 꽃에서 마른 냄새를 걸러낸 장소에
촉각을 세우고 눈동자들이 길을 묻는

시립미술관 강의실에 나를 놓아봅니다
시공을 잡아다 그물에 걸어둔 건축가의
허공에 걸린 꿈, 땅 위에 지어보는 나

걸어보고 싶네요 당신 생을

하현달

손톱 밑에 자라던
네가

하늘로 날아 간 지 오래

너를 쳐다보던 마음이
밤새
출렁였다

시를 열어보고 싶은 날

 시인의 옛날 추억을 생맥의 노란 물로 바꾸듯, 감히 스승의 시를 갑론을박하던 어린 날의 패기를 떠올리다 치자 꽃물 든 손으로 올리던, 어머니를 데려오고

 시간 한끝에 중앙동, 남포동, 광복동의 파도소리 들리고 양산박의 통통선을 띄우던 그리운 이들 생각에 눈시울에 술이 익어가는 시인을
 그만, 보았다

 나도 스승 따라 커피집과 냉면집 골목과 양산박의 존재를 들은 지 30년, 새로이 부활한 양산박 의자에 앉아 흘러간 시간을 더듬어 본다 시의 존속이 늘 헐겁거늘 시의 사유가 늘 충만치 않거늘 행위의 음악처럼 노동의 미술처럼 보이는 순간들

 카페 오아시스에서 요한 세바스찬 바흐를 만나고 기본에 충만한 작곡가의 음표 이론 강의를 먹다 예술은 완벽함보다 은혜로움이라고 전하는 그의 입에 충만한 환희를!
 두서없이 기억을 따라가는 내 행위도 환희라고 외치

고 변주곡의 무한한 가능성을 모든 시에 열어두고 싶은 날

나를 벗는 시간

한때 생각했다
의식의 한 줌을 빛으로 모아
춥고 덥고 주린 시간을 벗어난다면
생을 건너는 방법이 육신에 걸리지 않고
빛으로 건널 수 있다면

나, 여기 땅에 있다
바람, 눈, 햇빛 적당히 가려주는 집을 갖고
굶주림에 굴복하지 않을 밥을 먹으며
나를 감출 옷을 두르고 세상에 산다

함께 있으나 함께 있지 않은 시간에 들면
길냥이처럼 홀로 있는 시간에 든다

너를 닮은 것들

나뭇잎들이 밤에 반짝이는 걸 봤니
어슴푸레한 달빛을 뚫고
가로등 그늘에 누워

바다가 물결 속에 반짝이는 걸 봤니
사람의 가슴을 뚫고
이야기로 걸어와서

사람이 사람으로 반짝이는 걸 봤니
올렁거리는 가슴의 생채기를
이곳저곳 놓아서

달을 그려요

 가끔 달을 가져달라고 했어요 따 오라는 말보다 더 무서운 말, 달을 그리는 나는 달을 보기만 할 뿐이에요 그의 실체가 너무 높고 멀어서 내가 생각하는 모습으로 그려요 비 오는 밤에도 안개 낀 날에도 햇빛이 거센 날에도 난, 내 안에 달을 심고 열심히 그려요

 바람 부는 언덕에, 어느 날은 유행가 가사가 생각나고 어느 날은 남과 여가 화면 속에서 튀어나와요 아직도 정동길엔 그리움이 남아 있고 걸어가는 달을 따라 걸어요 눈 오는 밤은 여름 가우라처럼 나비로 날아오르고 있어요 아침에 날아오르는 창문으로 새가 보이고 해는 그렁거리던 눈물을 쏟아내며 빨갛게 출렁이지요

 달은 날마다 밀어내는 그리움으로 작아지다 다시 부풀어 오르지요 휘파람 소리는 불면 불수록 더 애틋해져서 오빠가 가시고 나서야 깨달았어요 이젠 낡은 소녀가 그 휘파람의 뒷모습을 바라보며 오랫동안 달을 밀어내고 있어요
 달은 휘파람이에요 오빠가 주고 간 그리움이 퇴색될 때쯤 내 입에서도 휘파람 소리가 날까요

다듬이질

살다 보면 마음을 두드리는 날 있어

두 손을 바꿔가며

가지런한 옥양목 곱게 풀 먹여

또닥또닥 손의 적당한 굴곡 따라

팡팡 두드리던 어머니

아침 햇살 좋고 구름 폭닥할 때

두 손 번갈아 가며 늘리는 소리에

가락 넣어 어깨 들썩이며

대청마루 반질반질 윤기 흐르던 그곳에

방망이가 통통 튀어대던

어머니 사랑

비가 돋는 날에

비가 온다고 누가 말합니다
비 뒤에 숨은 얼굴이 꽃과 같이 사그라져 갈 때
보탠 적 없는 바람이 귀를 잡아당깁니다
엉성한 노을이 오기도 전 비는 바람을 몰고 갑니다

오래전 그 자리에 있던 당신
더 오래전 그 자리에 있던 당신
더더더 오래전 그 자리에 있던 당신

생각을 멈추면 느낄 수 있습니다
생각의 뒤 언저리에서 일어나는 일들이
꽃 피고 지는 일처럼 어느 곳을 지나왔을 거라고
내리는 빗속에도 여울지는 일입니다

한 점 한 점 모아서 몸의 기울기를
시작하기도 전에 척추를 곧추세우는 일이
참으로 어려운 일이라는 걸
이제야 깊어진 빗방울처럼 떨어뜨립니다

한 데 서 있거나 떠 있어도

똑같은 속도로 가야만 만날 수 있는 그 거리를
생각에서 옮겨 봅니다
비가 돋습니다

모락모락 피는 저녁

종종걸음으로 달려와
뽀얀 속살 드러내어
해맑게 웃던 그 눈언저리
어디에서 날아와
가난한 아이의 뒷덜미에
모락모락 안개꽃 피워냈을까

정지문 열고 풍로에 손 얹던
어머니의 고즈넉한 모습에
밥알처럼 담겨 불을 일구던
환한 사랑처럼
어리고 빛바래지 않은
순하디순한 인정 피워냈을까

묵은 길을 걸어 달려가던
한 떼의 뽀얀 소독차 따라
떠오르는 함성마저 사위어가고
"얘들아, 밥 먹자"
이곳저곳 떠오르는 말풍선이
꽃으로 피어나던 저녁

엄마의 지칭개

이제야 듣습니다
지칭개, 어릴 때 어머니에게 들었던 이름
어머니의 힘은 늘 납습니다
지천구 들었던 날들이 그립습니다
지칭개를 오고 가며 보다가
문득 이머니의 *지천구를 땅*에서도
만나는 날, 응원처럼

다 그래
다 똑같지 않아
어디서나 그래

평등하지 않은 시계를
모두 담아 한 폭의
그림으로 놓습니다

3부

비껴가는 말들

좋은 시 읽기

 말캉한 단팥빵을 씹으며 심장이 말캉해지는 시를 보다가
 잠시 물러지는 시공에 머물러 속살을 씹힌 듯 툭툭 터져 나오는
 마알간 정서라니, 불편한 세계를 모조리 싸매고 덕지덕지
 구르는 눈알 속으로 빛으로 한 줌 따라가더니 잠시 시공을 돌려서
 거꾸로 매단 요기의 땅을 짚어 물구나무로 서더니
 창밖에 뿌리는 빗줄기 한소끔 귀로 흩뿌리고 나뭇잎들이
 흔들리는 허공을 놓아서 오래도록 흔들렸다

기억의 저편

학교로 가는 길엔 철길이 놓여 있어요
아침을 통째로 흔들며 걸어가는 길
철로 옆집들은 아이를 키우고
신발 가게엔 신발이 그득그득
옷 가게엔 몸빼바지로 여인을 붙잡고
월남치마의 궁둥이는 흔들려요

철로를 밟고 지나는 거리의 서점에서
꾸깃꾸깃 애써 모은 지전으로 옥펜과 영어사전을
사던 어린 날이 보여요
건너편 양복점에서는 체육복 바지를
양장점에서는 하얀 교복을 맞추고
목포여자중학교로 걸어가는 길

주름치마엔 두 줄 백선이 양옆으로
주름이 흔들릴 때마다 세계를 읽어내던
시간 사이로 연극무대가 오르고
교실은 늘 활기찼어요

이수일과 심순애의 일생은 정지되지 않는 화면처럼

각주를 더해서 읽던 때 묻은 그리움은
지금도 문득 울컥거리고
국어시간에 낭독하던 숱한 시들이
인생의 곳곳에서 튀어나올 때
학교로 가는 길 철로에서 기차를 보았어요

고개를 들고 응시하던 수많은 승객들과
눈을 마주칠 때
두려움 끝에서 시들이 튀어나오고
아직도 도착하지 않은 학교로 가는 길엔
묵은 감정이 머물고 있어요

김치수제비

칼칼한 사랑이 그리운 날
허기를 달래주던 어린 날 김치수제비
솥에 물 그득 붓고 김치 덩겅덩겅
썰던 도마 위에
엄마의 조미료,
손맛은 늘 그리움으로 남는다

치마폭에 어른거리던 막내의 뱅글거림
흘러내리는 머릿수건, 양손을 번갈아가며
솥뚜껑 아래로 휘이 젓던 사랑
희멀건 수제비들 동동 헤엄을 치고
엄마의 고운 땀들도 떨어진다

사위어가는 아궁이 불 따라
모락모락 오르던 수증기 고운 결 밖으로
보시시한 엄마의 얼굴 달처럼 떠오르고,
꼬르륵 소리 내어 기다리던
우리의 허기도 대청에 가득하다

동그란 상위에 주르르 수저 행렬이

엄마를 기다리고 환한 달님 깊게 비춘다
긴 여름,
엄마의 사랑 발그레하다

고향, 목포

나비는 날지 않았네
꽃밭을 향하여 오르던 날개를 접고
가벼이 바람을 가르다
그 바람 끝에 날개를 내주고
오랜 화석인 양 시들어가는

아침에 쪽글로 올려진 비트겐슈타인을 읽고
티브이에 흘러 다니는 자유를 외면한 지 여러 날
목마른 사랑을 외치는 집안의 식물들을
가위와 물로 넘쳐나게

골목에 번져가는 도시

풍경도
가끔은 물리고
물리고 물린 한 날
소파에 널브러진 비엔나˙
두툼한 사이로 흘러내리는
세기말의 생각을 얹는다
〈

목포는 무진장 흐드러지고
넘쳐나는 욕구를 유감없이
발산한 도시는 경쾌하다

* 책 제목.

서툰 오후

낡은 여인이 시월 그늘에 앉아
커피를 마시네
환하던 햇살 청춘처럼 달아나고
사랑초 꽃대 늘이며 꽃을 피웠네
어디서 오는 그늘인가
사방은 온통 어두워져
대낮에도 푸른 이마 짚어가며
찾아오는 고요에
흘려보낸 일기예보 꺼내 보네

두어라 저 혼자 시퍼렇게
익어가는 오후
아파트 사이사이 걸리는
부드러운 침묵이 한숨을 꺼내놓고
낮아지는 시간처럼
납작해지네, 참 서툰 오후

가을이 오는군요

붉고 노란 응어리들이 가슴을 툭툭 열고
침묵의 메마른 기침이 싹을 틔우고

하루 해가 낮아지고 제 그림자를 감추는
낮은 음성이 귀에 어른거릴 때

세세히 흔들리는 바람의 길 따라
무성한 잎을 내리고

홀로
오랜 기억 속
그리운 것들을 흔들고 싶다

실핀, 주판, 신발주머니
어머니 치맛자락

우수수 사리꽃 쏟아지는
인적 드문 곳에서

가을이 온다

슬픔의 질감

무디어진 슬픔, 날개를 접으며 말하네
긴 꼬리 열며 말아 올린 작은 웅덩이
지구를 떠나 화성으로 가네
꼭 네가 필요할 거야
불이 번쩍이는 별에선 여우는 장미를
키우지 않아
네 눈물이 있다면, 마르지 않는

장미는 가시를 내뱉고
무디어진 슬픔, 눈물을 말아 올리네
긴 꼬리 접으며 휘날리는 소소한 바람에
지구는
꼭 네가 있어야 할 곳이야
보아뱀을 숨기는 어린 왕자는 사막에서
지팡이로 탭댄스를

오, 찰리 브라운*
오늘은 좋은 날이야

생각을 기울이다

만져보는 질감

* 피너츠의 주인공.

말의 유희

언제쯤 녹일까
말랑한 것 같지만 물컹하고
물컹한 속 가운데 딱딱한 심 심어놓고
한가운데를 휘젓는,
잠깐 그러고 싶다
너무 몰랑해서 이리저리 주물럭거리다
잠깐 오후 햇살 되어
날아가고 싶지 않아
심심한 사람 이마에 앉았다

이마에 올리고
콧등을 천장으로 향하고
혀를 내밀어 추종하더니
지친 일상 한가운데를
비껴가는 말들이었다고

시, 봄은 환몽

쪽문을 열고 시들의 표지를 본다
흘러내린 자국마다 뒷짐 진 그녀들이 온다
어제 내린 러브체인의 날개들을
사랑초 나비에 얹어 물끄러미 표지를 읽는 시간,
흩어진 표지들을 봄 햇살에 태워 주먹 쥐고
쪼그리고 앉아, 마이클이 주었던 연적을 손에 쥔다
파란 눈의 사내가 한국도자기를 가방에 넣어
절 단청을 기웃거릴 동안, 달과 6펜스를 부산역
한 모퉁이에서 읽어내며 수양버들은 슬프다는
영어의 표지를 읽어내던 시간, 잠시 춘몽이었다

봄은 나른하고 시들이 제자리를 찾아가는 동안
표시에 실린 속삭임을 들으며 일어서는 동안
환몽이다
표지들이 뱉어내는 시각, 사랑초 흐드러지다
햇빛에 걸린다

놈의 생애

효자손이 의자에 걸려 해를 납니다

평생 누군가의 손으로 살다 어느 순간
젊은 날 엽서처럼 서로를 물끄러미 바라보며 뭉근해지지만
어디에서도 다시 만날 수 없는 잊힌 조각들이란 걸
압니다

해 질 녘 산빛에 눈이 어린 오후 조곤조곤한 산책은
발을 끌며 따라 나온 강아지들의 느린 걸음을 지나치지 않고
보는 겁니다

다시 돌아와 책상에 자리한 오래된 물건들 속에
인체를 설명하고 있는 사람 모형이 우뚝 서 있는 것을 새삼
발견하는 일입니다

방은 늘 있던 물건과 새 물건이 구상화처럼 칸을 나누고

지루한 일상을 그려내는 햇빛의 기울기를 가져옵니다
고요한 먼지가 차분히 내려앉을 때
문득 그놈 존재도 오랫동안 그렇게 있다는 걸 알게 됩니다

우리는 늘 함께였지만 잊힌 조각들처럼
여기저기 흩어져
온전한 모습의 그놈이 새삼스럽기까지 합니다

풍선

많은 생각을 넣었다
불룩한 꼬마의 주머니처럼
구슬이나 딱지가 아닌
욕망을 잠시 그득히,
바람의 소리로 바꾸어 본다
마음을 타고 오는 그 솔솔함
향그러운 우주의 소리
가득해지는 시간의 점들이여
또 다른 시간 속에
온몸을 휘젓는 고요의 바다

바람 한 점 부풀었다
빠져나간다

보리

푸르게 팬 보리가 길가
하늘을 이고 있다

일렁이는 구름 따라 잠깐잠깐
흔들리다 지들끼리 부벼댄다

까칠한 몸 살 부벼대며
깨어나고 있다

큰바람 불 때만 휘리릭 소리 내며
쓰러진다

일어선다는 것
제 몸을 통째로 흔들며 뿌리 끝까지
곱씹어보는 일

초록의 오월보리 피어나며
이 밤 푸른 심장을 두드린다

타전打電

드문드문 생각을 열었다
여름 수국처럼 무더기로 솟아오른 생각이
아침 비를 거쳐서 하늘에 풀어진다
새로운 노래도 없이
바다로 간다

어깨를 내어주던 빗방울들이
그리운 이 앞섶을 적시고
기우는 아침을 먹으며 하늘을 바라볼
오랜 시간을
주머니에 넣어 본다

오늘은 비가 내린다
창밖을 뚫고 들어오는 것들이
마음에도 내린다

생각, 잠시

어둠 속에서 불을 켜고 책상 앞 의자에 앉아
나무로 만든 시디집을 보다 그 위에 올린
인조 선인장을 봅니다
봄빛이 나무와 꽃들의 잎을 간질이는 계절에
붙박이 되어 한 줌 빛조차 스며들지 않는
고독한 이의 그늘이 따라다니는 환한 아침을
생각합니다
누구는 언어의 집을 생각하고
또 누군가는 자유로운 전원의 테마집을 생각하고
집의 상상만큼 길어져 가는 팔이 자판을 두드리고
몰래 한 사랑처럼 전등의 밝기가 어두운 지금
웃으며 달아나는 생각들은 무엇인가요
고요에 익숙한 풍경은 숨을 내쉬지 않고
들이마십니다
책들을 꺼낸 봉투는 덩그러니 잃어버린 몸을
잠시 기억하다 잠깐 집이었다고 생각합니다
집을 꺼낸 오늘은 투명한 햇살 아래
잡다한 생각을 합니다

계층 옮기기

마을엔 한쪽 눈을 잃은 사람들이 산다
외눈박이 나라에선
두 눈을 가진 사람이 이상한 나라

지구는 여전히 네모나고 갈릴레이는 죽임을 당하고
땅 위에 떨어진 사과는 뉴턴을 끌어당긴다

데카르트는 생각한다 고로 존재한다고 말한다
밤하늘의 별들이 여전히 수광 년을 날아오고
계층은 계층을 만드는 데 수천 년이 걸렸다

도마 위에서 미끄러지던 손을 감추고
부엌의 모든 것은 곤두선다
허기는 진동을 누르고 낮은 소리로 시위를 한다

꼬르륵꼬르륵
수도꼭지를 틀어 흘려보낸 시간들
침묵이 창자를 덥힌다

칼릴 지브란은 지란지교를 꿈꾸며

오래된 혁명은 골방에 나부낀다

망둥어의 뒤집힌 배가 그리워지는 날
바다로 생각을 보내고 난 오늘을 견딘다

4부

빛으로 몸을 나누는 나무들

고일암의 아름다운 단풍나무

말아주세요 몸을
새로운 눈으로의 이행은 사막으로의 여행

당신은
즈즈즈 젖은 몸으로 포복하는 이브의 상간자
오늘, 똬리 틀어 물동이 이던 머리 위
오랜 비릿함으로
어둠 속에서 타오르던
갈라진 노래를
한 번도 약속한 적 없던 세계를
몸 젖어가며 마르는 길에
피었다
붉은 햇살 아래 도르르 말아 올린 수천의 몸짓
눈 들어
슬픔은 마르고 새날이다
고개 들어 눈 마주치며
기쁨의 순간 자리한
저 은근한 침묵

병원일지 1
- 환자의 기도

오마주
당신이기를!
늘 궁극적인 열애와
진리의 순애보로 당신에게 갑니다
시간의 사슬을 끊고
유행의 공간도 버리고
몰개성의 진실을 두른 채
멋진 신세계로

T 자의 지지대에 끊임없이 떨어져
내리는 수액과
두 팔로 밀어서 가는 전용 의자를
거느리고
재건을 위한 모든 행위를
당신에게 맡깁니다
닫힌 세상에서
열린 세상으로 나아가기까지

병원일지 2
- 의사의 기도

내 행위의 전체가 늘 찬란하도록
순례하는 길엔 영광이 깃들도록
잠시 비추는 그 순간에
역사가 깃들도록
오,
멋진 신세계
생각은 빼시게
내적 확장과 외연의 확대가
필요하지 않도록
시간을 기다려 은혜를 받도록
도록의 일지를
무서워하시게
모든 자유가 생산되도록
오늘도 일용할 회진이
이루어지도록

다시 부르는 정읍사

그리운 길은 휘영청 돌아나고
님 계신 길에 바람 한 점 쏟아진다
마음을 달래서 보내는 저 끝
길은 끝나지 않고
저자에 묶인 일상을 털어내는
고요한 달님, 오랫동안 비춰주시지요

오늘 아침을 이고
아이 손을 잡고
언덕에 서는 이른 밤 근심은
모두 달님 때문이지요

달님, 참 환하게 피어나시네요

또, 새잎

몇 번의 생을
지나야
잎은 단단해질까

수없이 보내고
보낸
연후에 마주친
또 다른 그대

봉숭아 물들이기

마음은 노을색이라고
안개가 가득한 아침 하늘의 회색을 문질러봅니다
털털하고 소란한 소리가 공중에 떠다닐 때
화려한 공작 깃털쇼는 구름 뒤에 숨었습니다
내내 녹아내리던 듬직한 더위가 바다를 향해
휘파람 불던 시간에 개미 콧구멍만 한 비가
내렸습니다

누군가를 생각한다는 것,
장님 코끼리 만지기에 심취한 사람들이 뱉어내는
상상 오류입니다
깊은 생각에
봉숭아잎들이 손 위에 그려질
아름다운 세상을 바람에 젖어가며 달려봅니다

영이의 반달 손톱에 자라는 순수
짓이겨 오르던 풀 내음이 진동하던 날
붉은 벽돌 한 귀퉁이
탕탕거리던 소리 손 울림은 여리기만 합니다
마음을 향해 돌아눕던 여름 한 점

꼭꼭 눌러서 손가락에 칭칭 동여맵니다

호접지몽

사천구백 원에 날아온 노란 꽃 프리지어
가끔 봄이면 캐냈다 잊힌 글처럼,
숲을 향하던 청춘이 빛에 걸려 빛을 버렸다
습습하고 우람한 숲엔 빛으로 몸을 나누는 나무들이 산다
햇빛 아래 바람을 몰아 사그락거릴 때
소녀처럼 웃어대던 관람객도, 숲의 온몸을 잠시 두드린다
보라색 해피 블루의 만개를 엿보던 오늘이
거실에 앉아 숲의 오랜 꿈을 물어본다

늘 푸르고 싶어요

늘 찰랑이고 싶어요

요정처럼, 늘씬한 허리와 다리로 내달리고 싶어요

숲의 말들이 숲을 따라 자꾸만 날아간다
노란 프리지어 가녀린 줄기 아래 꽃 매달고
햇빛 사이로 나른다

오늘도 가나요

고장 난 것들이 눈에 들어오고
불편함이 눈에 익숙해질 즈음
손이 달래야 할 수전도, 혼자서
오랫동안 쓸 싱크대 수전이라서
그만 익숙해져 간다

가끔 불편한 것들은 누구, 어디까지 불편할 것인지
총량의 크기로 몸에 전해진다

시간을 쓴다는 건,
흩어진 편린들을 기울게 하고
익숙함에 물들어가는 너와 나의 고향처럼
머릿속이 환해질 때까지
빌려온 기억에 접어 넣는다

이제 그만그만하나요?
시간의 크기나 길이가 한점으로 올 때까지
사는 것,
맞나요?

납작해지기

상자를 뜯자 쏟아지는 염려와
굵게 될까 봐 빙긋이 건네는 달콤한 웅집이
새벽을 뚫고 현관문을 열어
바닥까지 헤집고 들어옵니다

티브이에서는 요리를 하고
먹지 않은 이들에겐 인내를
마를수록 간결해지는 아이돌의 세계는
납작해지는 비법을 습득해야 합니다

오직 버릴수록 풍요로워지는 세계에
마른 몸 사이로 쏟아지는 폭풍이
더 힘차게 날기를 원합니다

이웃이 되기 전에 새는 노래하고
가로등이 숙면할 시간이 되면
어제 온 비는 새벽을 부드럽게 하고
세계를 깨웁니다

대추

석굴암에 들러
가을 한 컷 얻어
내려오다 새알 같은 그대를 만나다

붉은 것과 연둣빛이 어우러져
풋풋하고 아삭한 육질이
입안에 울컥 차오르다

달콤한 속삭임

마알간 풍경 속에
톡 터지며
소신공양이다

중첩 기행

나는 오늘 세 끼를 먹는다
늘 한 끼이거나 두 끼인 식사로
노동이 적은 날의 위안을 삼는다
오늘은 안동 이육사 시인을 만나러 가는 날
바람마저 가벼워질 수 없는 늦봄 한날을
세 끼로 메운다

조금은 무거워졌을까
헐거워진 결핍을 눈부신 초록산으로 누르고
버스를 타고 가는 나는 조금 무거워졌을까
발을 내려 그의 시를 보다
비명처럼 새겨질 아픔들이 무거워질까 봐
내가 밥을 세 끼 먹기로 한다

초록도 시인의 시도 중첩이다
누르고 눌러도 튀어져 나오는
비명을 오월 햇살로 누르고
더운 날이라며 겉옷을 벗는다
날이 더운 걸까
내가 뜨거워진 걸까

시인은 나를 벗긴다

아, 개미

마른 잎을 물고 부지런히 가신다
저 능숙한 노동의 황홀감
눈을 현란하게 한다
유월 아침의 따가운 햇살 아래
땅의 곳곳을 점으로 몰고 가는

문득,
오르고자 했던 날의 소리들이
파편처럼 몸의 곳곳을
부수고 들어오는 끈질긴 환영
생의 진실은 멈추지 않고

가슴으로 파고드는 아침
그대는 혹독한 눈물이다

찬란한 노동의 날이여

새로운 자아 찾기

자아에로의 통로가 발가벗겨져야 한다는 사실을
사춘기 소녀를 지나 아이 엄마를 벗어나 그러고도
한참이나 멀리 온 지금 새삼스럽게 깨닫는다
버리지 못한 제도의 관습들이 내 의식을 채워서
뒤통수에 앉아 지랄맞게 고상해져 버렸다
숟가락을 들고 한 알의 밥을 못 버렸던 어린 날이 치기로
어슬렁거리고 발품을 팔았던 젊은 날의 밥 구걸도
도르래에 말려 잊힐 지금,
새삼스럽게 툭 툭 불거지는 세상의 이면들이
몸속에 갇힌 장년의 시간들은

맹목적인 생의 충동은 쇼펜하우어를 지나 사르트르를 거쳐
내 몸을 뚫고 진두지휘한 세계가 갑자기 허망해지는 날
칸타타에 맞춰 철 지난 생각들을 얼굴로 수집하다,
아! 그랬지, 뚫고 갔던 거야
전쟁을 수행하던 총알처럼 앞으로
날아갔던 거야 비린내 나는 피들을 향하여!

햇빛이 환한 창가에 앉아
물병에 꽂힌 향기 나는 흰색 프리지어 곁에 앉아서
방금 드립친 커피에게도 미안한 날
나의 사색이 오랫동안 패턴에 머물러
구획되지 않았나 하는 자각이
콧구멍에 스멀거리고
재채기를 간간이 뱉어내고 있다

알리카페[*]를 마시고 노루꼬리 햇살 아래 빨래를 널다

습습한 사람 냄새를 질기도록 혹은 질리도록
건조를 거치지 않는 생은 축축한 시간에 물들어 있다
건너서 건너서 엄마를 거치지 않은 아파트는
마당 햇빛 좋은 날 널던 엄마 빨래를 가져다
꿈에서도 긴 줄을 치고 나를 점령한다
티브이 쇼핑에서 연인처럼 다가와 노동에서 해방시켜 준다던
건조기는 인간의 근육을 더 이상 도드라지지 않게 매끈하게 만든다
내 집에서는 요원한,

가격만큼 날을 저당 잡힌 노동이 필요하지만
그보다 더 급한 일상이 널려 있어서 홈쇼핑 화면은 늘 멀리 있다
겨울이 오기 전 햇빛은 잦아들고
알리카페 팔팔 끓여 한 모금 머금은 날
거실은 축축한 빨래를 펼쳐서 간다

* 믹스커피 이름.

물고기, 너

다행이다
얼룩진 그늘 아래
배를 숨기고 꿈꾸던 바다를 하얀 접시에 남긴 채
뻐끔거리던 한숨의 숨
그 숨 아래 죽음을 예감한다는 건

짧은 죽음 앞에 맞이한 긴 두려움을
혼자 있는 시간에
무방비의 저 펼쳐진 세상을
내게로 보내서
나를 깨닫게 하는 것

∞해설

존재의 씨앗으로 회귀하는 언어의 표지들

김학중(문학평론가)

향수는 귀향의 사후적 효과다. 이는 향수라는 말을 곰곰이 생각해보면 깨달을 수 있는 바이다. 우리가 향수라고 말하는 '노스텔지어'는 상실한 것을 그리워한다는 뜻을 함의한다. 시에서 그러한 향수는 우리가 근거 지어져 있던 신체적, 정신적 고향의 상실과 닿아있을 때 나타난다. 다만 우리가 향수를 이야기할 때 놓치는 것은 이것이 단지 향수라는 낭만적 감상으로만 나타나지 않는다는 것이다. 향수는 일종의 회상인데, 그것은 시적 언어를 통해 우리 앞에 나타난다. 회상의 현재화인 이 '시지음'은 사유를 통해 구축된 것이다. 하이데거는 이러한 '시지음'의 특성에 민감하게 감응한 철학자다. 하이데거는 '시지음'은 자기 존재가 거할 근거를 수립하고 그것에 상주하는 것이라고 언급한 바 있다. 그에 따르면, '시지음' 속에서 회상되는 것은 단순히 작가가 그 시대에 살던 역사적 맥락이나 시가 쓰여진 시대의 기억 같은 것이 아니다. 그것에는 우리 존재의 근거인 언어가 있다. 즉, 언어가 있는 곳에 존재가 기거한다는 말이 된다. '시지음'은 이 근거를 짓는 일이다. 그러는 과정에서 귀향하는 사유는 자신이 돌아가려고 하는 자리, '시지음'으로 인해 나타나게 될 그 자리가 감내한 시간을 환기한다. 언어는 시간을 비축하고 있다. 그것이 시간의 비밀이다. '시지음'은 이러한 시간의 비밀까지 함축하여 우리 앞에 언어로 나타나게 된다. 그런 맥락에서 하이데거는 귀향을 고향에 돌아가는 그러한 시간에 거함이라고 보았다. 그런 의미에서 귀향은 이러한 회상을 통해 우리 존재의 근거 지음을 되찾는 '생기-사건'이다. 향수는 이 사건이 도래했을 때 뒤따라오는 감정인 것이다.

김비주의 신작 시집 『러브체인의 날개』는 우리 삶을 근거 짓는 이러한 '생기-사건'을 노래하고 있다. 김비주는 첫 시집 『오후 석 점, 바람의 말』(2018)에서부터 시적 언어에 대한 탐구를 수행하며 여러 자연물들과의 감응작업을 수행해 왔다. 이를 첨예화하면서 『봄길 영화처럼』(2020), 『그해 여름은 모노톤으로』(2022)으로 집약해 내었다. 이러한 시적 여정은 네 번째 시집인 이번 시집에 이르러 시적 언어 자체를 근거 짓는 '생기-사건'에 대한 노래에 도달하게 된 것이다. 우리는 이 되찾음의 시적 도정이 어디로 우리를 이끄는지 따라가면서 김비주가 우리에게 회복시켜 주는 삶의 근거지들을 읽어낼 필요가 있다.

먼저 김비주는 '생기-사건'을 되찾기 위해 우리의 삶에 숨겨진 시간을 되찾는 것에서 시작한다. 그것은 우리를 태어나게 하는 근거지인 "씨앗"을 상기하게 한다. 여기에서 노래되는 "씨앗"은 우리의 "시간"을 비축하고 그 비축을 통해 우리를 존재의 근거지에 가깝게 하는 그러한 언어의 "씨앗"이다. 그것은 주체를 쉬게 하고 그 쉼으로 인해 우리를 숨 쉬게 한다. 존재를 존재로 드러나게 하는 이러한 '생기-사건'을 김비주는 우리 앞에 도래시키며 우리를 이러한 시적 여정에 동참시킨다. 김비주는 시집을 여는 첫 시에서부터 이러한 '시짓기'의 고유한 내적 힘을 우리 앞에 육박시키며 강렬한 시적 밝힘을 수행한다. 이 신선한 밝힘으로 우리 존재는 열리며 김비주가 열이내는 귀향에 동참하게 된다.

사람에게는 숨은 시간이 있다

작은 열매 속 숨겨진 커다란 씨앗처럼
혼자만이 머무르고 싶을 때
〈

우주의 시간 속 조그마한 열매로

비 맞고 바람 불고 햇빛 받아 자연의 색깔로

꿈을 숨기고

문득, 그 열매 먹히고 씨앗 도드라질 때

나

씨앗으로 남아 숨은 시간을 갖고 싶다

― 「휴식」 전문

　"우주적 시간" 속에서 존재가 존재로의 근원성을 회복하는 '생기-사건'에 대한 노래다. 우리가 홀로 "씨앗"일 때의 순간은 "자연의 색깔"을 가졌을 때이다. 우리 삶에서 어떠한 때가 그러한 때였는지 우리는 기억하지 못하고 구체적 순간으로 환원하지도 못한다. 다만 우리는 그때 "씨앗"을 품은 "열매"였다고 느낄 뿐이다. 여기서 더 근본적인 시간을 가리키는 시어는 "씨앗"이다. 그것은 존재의 모든 조건들을 비축한 "혼자"의 시간이다. 우리는 그때가 언제였는지 모르지만 그럼에도 불구하고 그 시간이 귀향의 사유운동이 추구해야 할 시간임을 알고 있다. 왜냐하면 그 시간 속에서 우리는 비축되고 고양되며 존재로서 근거를 얻기 때문이다. 그것의 주체는 "휴식"이라 노래한다. "씨앗"으로 돌아가고자 하는 귀향의 운동이 바로 "휴식"인 것이다.

  이러한 "휴식"은 우리 삶에서 추방되거나 지연된 시간이다. 그 이유는 존재의 근원적 취약성에 대한 우리의 시적 사유가 우리 손안에 있지 않기 때문이다. 김비주는 이 문제의 이유를 우리가 존재를 짓는 능력인 언어의 사유 능력, 즉 '시짓기'로부터 멀어졌다는 것에서 찾는다. 더불어 근원성에 대한 친연성을 우리의 "기억"이 왜곡하고 있기 때문이라고 노래한다.

    가끔 기억의 바깥을 안으로 들였다
    지구는 둥글어서 기억도 왜곡되길 바랐다
    아프리카에서 사는 메릴 스트립은
    사자의 배고픔과 마주하며 말을 잃었다는데
    난 사자일까, 짐을 옮기는 말일까

    스스로를 독립이라고 생각한
    지난날이 뿌리에 걸려 넘어졌다고 전하다
    여기저기
    빛바랜 기억들이, 늦은 눈이 내리는 마을에서
    채곡채곡 젖어간다
    아프리카나 노르웨이나 지구라고 한다
    시들의 관행을 읽어내거나 읽은 이들이

모두 책을 손에 든다

내일 지구엔 책을 읽는 이가 사라질 거라고
입이 바람을 타고 떠돈다

-「풍문」전문

이 시의 주체는 우리의 취약성을 노래한다. 그것은 우리가 마주해야 할 고통과 관련되어 있다. 시에서 이 부분은 "기억"의 왜곡과 "사자의 배고픔"을 통해 대표된다. 우리가 사는 "지구"에는 지금도 지속되는 고통과 고난이 있다. 주체가 여기서 노래하는 "사자의 배고픔"의 문제는 지구에 생존하고 있는 모든 생물들이 공통적으로 겪는 고난이다. 이는 우리의 신체적 취약성을 환기한다. 여기에 아프리카에 사는 인간 주체들의 고난이 환유된다. "아프리카나 노르웨이나 지구"라고 노래하는 것에서 이를 유추할 수 있다. 문제는 이러한 고통과 고난의 사건들은 우리 앞에 도착하지 않고 어딘가에서 사라진다. "지구"의 '둥긂'은 역설적으로 세계의 고통과 고난을 은폐하는데 기여한다. "지구"의 '둥긂'은 "지구"를 분할한다. 우리는 그 분할 속에서 이미 항상 존재하는 고통과 고난을 부재하는 것으로 치부하게 된다.

주체는 이러한 지금 여기의 고통과 고난을 마주하고

싶어 하지는 않는다. "기억도 왜곡되길 바랐"는 그것을 암시한다. 하지만 주체는 "시들의 관행을 읽어내거나 읽은 이들"에 속하고 "말"로서 이를 전하려 한다. "말"은 옮겨지면서 지어진다. 이 지어짐 속에서 주체는 우리 존재의 취약성에 눈뜬다. 그것을 비축하도록 만든 것, 그것이 바로 "책"이다.

그러나 주체의 이러한 노력과 무관하게 세계는 이러한 사려 깊은 사유의 집인 "책"을 멀리하면서 우리의 취약성에 대해 잊도록 이끈다. "내일 지구엔 책을 읽는 이가 사라질 거라고/입이 바람을 타고 떠돈다"는 것에서 우려하고 있는 것이 바로 그것이다. 이것이 지금 여기에서 가속화될 때 우리는 존재의 취약성을 고려하고 그것에 기반해 우리의 존재의 근거를 짓는 언어적 지평을 상실하게 된다. 주체는 이것이 다만 "풍문"이 되길 바라고 있지만, 안타깝게도 주체가 귀향을 시도하는 시적 사유의 여정에서 이는 '사라지는 것'에 속한 것으로 다가온다.

그러나 김비주는 '사라지는 것'에서 귀향시켜야 할 것들이 무엇인지 판별해낸다. 그것은 앞서 "씨앗"으로 돌아가고자 하는 귀향의 사유를 보여주었던 것에서 우리가 확인한 것이다. "혼자"이며 "고립"된 것이 바로 그것이다. 더불어 김비주는 '사라지는 것'들이 우리에게서 영구적으로 사라지는 것이 아니라 우리가 비축하고 있는 언어를 통해 다시 지금 여기에 나타나게 됨을 노래한다. 그런 의미에서 이 순간에 대한 노래는 '생기-사건'에 대한 노래가 된다.

> 누군가가 사라질 땐 눈부신 오로라가
> 피어나고, 하늘엔 무지개 떠서
> 쓸쓸함의 뒷길을 밝혀야 할 때가 있다
> 오로지 혼자 있는 이들을 위한
> 힘찬 축복이 지구에서 떠다니고
> 혼자였기에 고립된 시간으로
> 흰 그림자로 엮었을 생의 뒤편
> 축포처럼 쏟아지는 여린 꽃들의 잎들을 바라보며
> 다른 우주로의 여행을 기뻐해야 할 때가 있다
> ―「사라지는 것에」 부분

 시 속에서 주체는 "누군가 사라질"때를 노래한다. 그 순간은 "눈부신 오로라"와 "무지개"가 사라지는 주체들의 "뒷길"을 밝힌다. 이 밝힘은 그러나 사라짐에 대한 배웅으로 그치지 않는다. "축포처럼 쏟아지는 여린 꽃들의 잎들"이 가시화하는 것은 사라짐의 시간성으로 인해 열리는 새로운 도래의 가능성이다. 그런 점에서 향수는 이 자리에 대한 지속적 환기의 정서로 기능한다. 여기에 이르면 '사라지는 것'에 대한 작별의 노래로 보이는 이 시는 '생기―

사건'을 예비하며 지속시키는 노래라 할 수 있는 것이다.

글들이 움직이는 바다를 생각했지
문은 달이라고,
휘영청 떠내려오던 순간을
오랫동안 생각했지
한참이나 물결은 일렁이고
눈부신 물살 무너져 글들이 반짝였지

그리운 문장

고개를 들면 언제나 달이 있었지
시간의 고개에 서면
휘파람처럼 달려오던 그리움의 달
밀은 바다를 여는 문
바다 한가운데
두둥실 떠오르던 생각들이
차고 넘쳐 바다는 문을 닫을 수가 없었지

꿈엔 그리던 모습으로
건강한 부싯돌처럼 반짝이는
바다는 눈부셨고

달은 언제나 휘영청 높이 문을 열고

들어섰지 온몸에 쏟아지는

그리운 문장

오던 길 환히 밝혀주었지

— 「바다에 달이 있는 광경」 전문

이 자리는 "글들이 움직이는 바다"이며 "눈부신 물살 무너져 글들이 반짝"이는 자리다. 때문에 "그리운 문장"에 대해 노래할 수 있게 된다. '생기-사건'은 이렇게 하여 우리로 하여금 '시짓기'를 추동하게 한다. '시짓기'를 통해 "그리운 문장"을 마주할 수 있게 되기 때문이다.

김비주는 이러한 '생기-사건'을 찾아내 우리에게 노래하는 시적 여정을 지속적으로 우리 앞에 부려 놓는다. 그리고 어느새 '생기-사건'은 우리의 일상 속에서 순간순간 복귀한다. 그 복귀와 회귀의 기미는 매우 약하다. 그 약함이 귀향의 취약성이다. 그럼에도 이 기척은 끝없이 우리에게로 돌아온다. "손톱 밑에 자라"는 이 회귀의 기척들은 사라짐의 순간들이 나타나는 밤에도 "밤새 출렁"(「하현달」)인다. 출렁이며 회귀한다. 이 리듬이 귀향의 취약성을 넘어서게 한다. 리듬은 귀향이 우리에게 도달하게 하는 시적인 힘이다.

늘

새끼 전구까지 데리고 모든 어둠을

배웅한다

어둠에 묻히지 않으려고

깜빡이는 네온사인

발밑까지 내려오는 가로등을 데리고

걷는 날은 뿌연 속이 울렁거린다

잊힐만하면

풍경의 뒤끝까지 따라오는 쓸쓸함

밤 그늘에 숨겨 놓으면

툭

나 같은 이가 깨내서

휘적이며 걷는다

— 「밤풍경」 전문

"밤풍경"은 귀향의 시간이다. 사라짐으로 우리를 밀어내는 "어둠"을 배웅하면서도 그 순간순간에도 귀향의 시간을 밝히는 빛이 있다. 그것이 이 시가 그리는 "밤풍경"이다. 어떤 것도 명료하지 않고 "뿌연" 그 사이에서도 우리에게 귀향하는 감각들을 감지할 수 있는 것은 그 속에서도 귀향의 기척을 찾아내는 산책자가 있기 때문이다. "나 같은 이가 꺼내서/휘적이며 걷는다"에서 우리는 그것을 느낄 수 있다. 산책자는 귀향의 리듬을 찾아내는 자이다.

김비주는 이 리듬을 시의 전면에 내세운다. 그 리듬을 통해 김비주는 우리에게로 회귀하고 우리로 하여금 회상을 경험하게 하는 순간으로 이끈다. 그녀가 골라 아무렇지 않게 "툭" 건네는 그 시적 장면들 속에서 우리는 우리가 거주하는 존재의 거처를 다시 마주하게 된다. 그것은 다름 아닌 기억이다. 그것은 귀향을 비축하고 그것을 밝혀 열어주는 것을 통해 '생기-사건'을 우리가 마주했던 때를 다시금 환기한다. 그 "생기-사건"의 시간은 "함께 있으나 함께 있지 않은 시간"이며 동시에 "길냥이처럼 홀로 있는 시간"(「나를 벗는 시간」)이다.

> 학교로 가는 길엔 철길이 놓여 있어요
> 아침을 통째로 흔들며 걸어가는 길
> 철로 옆집들은 아이를 키우고
> 신발 가게엔 신발이 그득그득
> 옷 가게엔 몸뻬바지로 여인을 붙잡고
> 월남치마의 궁둥이는 흔들려요

…중략…

주름치마엔 두 줄 백선이 양옆으로

주름이 흔들릴 때마다 세계를 읽어내던

시간 사이로 연극무대가 오르고

교실은 늘 활기찼어요

…중략…

고개를 들고 응시하던 수많은 승객들과

눈을 마주칠 때

두려움 끝에서 시들이 튀어나오고

아직도 도착하지 않은 학교로 가는 길엔

묵은 감정이 머물고 있어요

- 「기억의 저편」 부분

'기억'은 우리를 한가운데로 회귀시킨다. 그때 우리는 함께 "그득그득"하였다. 우리는 "학교"에 가는 길이있고, 그 길은 한 방향으로 뻗은 두 줄기 "철길"이 이어지고 있었다. 그 길을 따라 이어진 "신발 가게"와 "옷 가게" 그리고 "책방"을 따라서 우리는 걸었다. 이 기억은 풍요롭게 느껴진다.

풍요의 느낌은 우리 기억이 비축한 언어의 힘으로, 우리를 귀향으로 이끈다. 그때에 우리는 우리라는 존재로 풍요로웠고 그 풍요로 인해서 "주름치마엔 두 줄 백선이 양옆으로/주름이 흔들릴 때마다 세계를 읽어내"는 것이 가능했다. 우리의 삶을 추동하는 에너지로 충만한 "철길"과 같은 "두 줄 백선"이 있는 것의 주체는 치마주름이라고 한다. 치마주름은 단지 우리를 두르고 있는 것이다. 그럼에도 불구하고 주체는 세계의 비밀들을 읽는 능력을 선사 받은 "주름"으로 느낀다. 놀랍게도 바로 이런 풍요로의 귀향으로 인해서 주체는 이미 오래전에 지나친 이 길을 아직 지금 여기에서 걷고 있다고 느낀다. 기억 속에서도 주체는 귀향의 리듬을 발견하는 산책자인 것이다. 그러기에 "아직도 도착하지 않은 학교로 가는 길"이라고 노래하는 것이다. 이 길에 있는 "묵은 감정"은 그런 점에서 비축된 시간의 감정이며, 이렇게 비축된 감정으로 귀향하여 우리 앞에 도착한 "기억"은 생생하게 우리 존재를 밝히는 "생기-사건"인 것이다.

>사천구백 원에 날아온 노란 꽃 프리지어
>가끔 봄이면 캐냈다 잊힌 글처럼,
>숲을 향하던 청춘이 빛에 걸려 빛을 버렸다
>습습하고 우람한 숲엔 빛으로 몸을 나누는 나무들
>이 산다
>햇빛 아래 바람을 몰아 사그락거릴 때
>소녀처럼 웃어대던 관람객도, 숲의 온몸을 잠시 두

드린다
보라색 해피 블루의 만개를 엿보던 오늘이
거실에 앉아 숲의 오랜 꿈을 물어본다

늘 푸르고 싶어요

늘 찰랑이고 싶어요

요정처럼, 늘씬한 허리와 다리로 내달리고 싶어요

숲의 말들이 숲을 따라 자꾸만 날아간다
노란 프리지어 가녀린 줄기 아래 꽃 매달고
햇빛 사이로 나른다

―「호접자몽」 전문

　회귀는 우리를 회복시킨다. 김비주는 바로 이 주체의 회복, 우리 존재를 짓는 언어의 회복을 우리에게 노래하고 있는 것이다. 이 노래에서 "길은 끝나지 않고/저자에 묶인 일상을 털어내"(「다시 부르는 정읍사」)게 된다. 이 노래는 우리의 존재가 깃든 언어의 숲이다. 그 숲에서 우리는 "숲의 말들이 숲을 따라 자꾸만 날아"가는 것을 보며 "빛으로 몸을 나누는 나무들" 옆에서 순하디순한 언어의 날갯

짓을 보게 된다. 여기에 이르면 귀향을 통해 회복한 기억은 "꿈"과 같은 것이 된다. 이것은 주체에게 '생기-시간'을 맛볼 수 있게 이끄는 "씨앗"으로 돌아가는 것이다.

> 쪽문을 열고 시들의 표지를 본다
> 흘러내린 자국마다 뒷짐 진 그녀들이 온다
> 어제 내린 러브체인의 날개들을
> 사랑초 나비에 얹어 물끄러미 표지를 읽는 시간,
> 흩어진 표지들을 봄 햇살에 태워 주먹 쥐고
> 쪼그리고 앉아, 마이클이 주었던 연적을 손에 쥔다
> 파란 눈의 사내가 한국도자기를 가방에 넣어
> 절 단청을 갸웃거릴 동안, 달과 6펜스를 부산역
> 한 모퉁이에서 읽어내며 수양버들은 슬프다는
> 영어의 표지를 읽어내던 시간, 잠시 춘몽이었다
>
> 봄은 나른하고 시들이 제자리를 찾아가는 동안
> 표지에 실린 속삭임을 들으며 일어서는 동안
> 환몽이다
> 표지들이 뱉어내는 시각, 사랑초 흐드러지다
> 햇빛에 걸린다
>
> ―「시, 봄은 환몽」 전문

"쪽문"을 열고 "시들의 표지"를 본다. 이 표지들은 식물들의 잎이라고 유추할 수 있는데, "어제 내린 러브체인의 날개들"이라던가, "사랑초 나비에 얹어 물끄러미 표지를 읽는 시간"에서 읽어낼 수 있다. "봄 햇살"로 풍성해진 생명의 기척들이 어느덧 '사라지는 것'에 가까워질 때, 그때에 주체는 "물끄러미" 그 소멸을 읽으며, 우리 앞에서 '시짓기'를 수행한다. "표지에 실린 속삭임"은 "생성"의 생명력을 통해 여기에 이르렀으며 바로 그러기에 이러한 생명의 "속삭임"은 "시들어"간다. 생성과 회복의 "시" 속에서 이 모든 것들은 "시"를 향하는 "표지"가 된다.

"표지"란 사물들 간의 차이를 구별하게 하는 표시나 특성을 말하기도 하고 책을 구성하는 요소로 책의 시작과 끝을 장식하는 겉장을 의미하기도 한다. 이 이중의 의미를 통해서 우리는 구별되는 것들의 시작과 끝을 감별하고 그것과 상응하는 작업이 "시"임을 알게 된다. 여기서는 생성과 소멸의 차이 및 그것의 시작과 끝을 감지하는 것이 "시"이다.

시「시, 봄은 환몽」은 이러한 생성과 소멸의 교차가 일어나는 '생기-사건'을 우리 앞에 현시한다. 주체는 이를 허황된 꿈, 즉 "환몽"이라고 하지만 그 꿈은 단순히 허황된 꿈이라고 할 수 없다. 왜냐하면 이 꿈은 우리가 사랑을 감지하고 연상하며, 그것을 통해 생명과 소멸의 환승

이 일어나는 시간인 꿈이기 때문이다. 여기서 꿈은 앞서 살펴본 회귀한 기억과 같은 지평에 있다. 그러기에 우리를 지속적으로 귀향시키며 '생기-사건'을 마주하게 이끈다. 여기서 '환'은 바꿈의 의미를 함의한 '환'으로도 읽을 수 있다. 꿈은 계절이 바뀌듯 시간 속에서 바뀌지만 바로 그 계절의 순환적 흐름과 마찬가지로 다시 우리에게 귀환하는 것이다.

이러한 시적 밝힘을 통해 우리의 생의 한 가운데로 '생기-사건'을 되돌려 주는 시 세계, 그것이 김비주가 성취한 시 세계이다. 이번에 묶어낸 시편들 속에는 우리를 '환몽'으로 이끄는 이러한 김비주의 매력적인 시적 여정이 담겨 있다. 2년에 한 번 시집을 묶어낼 정도로 열정적인 시작을 보여주는 김비주의 여정을 우리가 앞으로도 관심 있게 좇아야 할 이유가 여기에 있다. 우리가 지금 여기를 살아나가면서 상실하고 있는 존재의 근원적 지평인 '생기-사건'을 김비주가 우리에게 흘려보내고 있기 때문이다. 이 시편들을 읽는 시적 경험들을 통해 우리도 우리가 잃어버린 존재의 근원적 지평을 스스로의 힘으로 지어낼 수 있게 될 것이다. 함께, 동시에 혼자서, 자신의 언어적 "씨앗"을 회복하는 경험을 할 수 있을 것이다.

상상인 시인선 **062**

러브체인의 날개들

지은이 김비주
초판인쇄 2024년 10월 11일 **초판발행** 2024년 10월 15일
펴낸곳 도서출판 상상인 **편집주간** 황정산 **펴낸이** 진혜진
표지디자인 최혜원 **기획·마케팅** 전은빈 최유림 노혜림 정현수
책임교정 종이시계 **편집** 세종PNP
등록번호 제572-96-00959호 **등록일자** 2019년 6월 25일
주소 06621 서울시 서초구 서초대로74길 29, 904호
전화번호 02-747-1367, 010-7371-1871
팩스 02-747-1877 **전자우편** ssaangin@hanmail.net

ISBN 979-11-93093-70-2 (03810)

값 12,000원

* 이 책은 2024년 부산광역시, 부산문화재단 〈부산문화예술지원사업〉으로 지원을 받았습니다.
* 이 책은 전부 또는 일부 내용을 재사용하려면 반드시 저작권자와 도서출판 상상인의 동의를 받아야 합니다.
* 이 도서의 국립중앙도서관 출판시도서목록(CIP)은 서지정보유통지원시스템 홈페이지(http://seoji.nl.go.kr)와 국가자료공동목록시스템(http://www.nl.go.kr/kolisnet)에서 이용하실 수 있습니다.